MUDANÇAS NO MUNDO

Direitos reservados © QED Publishing 2009
Autor Steve Parker
Consultor Terry Jennings
Editor de Projeto Anya Wilson
Design e Pesquisa de Imagens Dynamo Design

Editor Steve Evans
Diretor de Criação Zeta Davies
Gerente de Edição Amanda Askew

© 2010 desta edição:
Ciranda Cultural Editora e Distribuidora Ltda.
Rua Frederico Bacchin Neto, 140 – cj. 06
Parque dos Príncipes – 05396-100
São Paulo – SP – Brasil

Coordenação editorial Jarbas C. Cerino
Assistente editorial Elisângela da Silva
Tradução Juliana David
Preparação Sueli Brianezi Carvalho
Revisão Júlio César Silva e Michele de Souza Lima
Diagramação Selma Sakamoto

1ª Edição
www.cirandacultural.com.br
Impresso na China

Todos os direitos reservados. Nenhuma parte desta publicação pode ser reproduzida, arquivada em sistema de busca ou transmitida por qualquer meio, seja ele eletrônico, fotocópia, gravação ou outros, sem prévia autorização do detentor dos direitos, e não pode circular encadernada ou encapada de maneira distinta àquela em que foi publicada, ou sem que as mesmas condições sejam impostas aos compradores subsequentes.

Créditos de imagens
(t= topo, b = rodapé, l = esquerda, r = direita, c = centro, fc = capa)

Alamy 26 b Julio Etchart
Corbis 18–19c
Getty 6t flashfilm, 7l Andrew Holt, 7b Andrew Hobbs, 8c Wendy Chan, 10–11c Markusson Photo, 11tr Yann Layma, 14–15c James P Blair, 16–17c Mitchell Funk, 16bl Carlos Spottorno, 18c Bengt Erwald, 18bl Ian Mckinnel, 20c Michael Blann, 20b Manchan, 21tr Peter Andersen, 21b James Hardy, 22–23c Eddie Hironaka, 22bl Noah Clayton, 23t Hisham Ibrahim, 26c Jeff Zaruba, 27tr Frederic Courbet, 28bl G. Brad Lewis, 28br G Brad Lewis
NHPA 25br JONATHAN & ANGELA SCOTT
Photolibrary 23br Stockbyte, 27r Davis Marsden
Shutterstock 4–5t sjgh, 4l sandra zverlein, 4tr kwest, 4–5c Ilja Masik, 5tr Lagui, 6t Phase4Photography, 6–7c Hywit Dinyadi, 6t Pepita, 6tr mashe, 6bl IKO, 6b Mausinda, 7tr Tischenko Irina, 7tr kazberry, 8–9t Kirsty Pargeter, 8l David Davis, 9l Dmytro Korolov, 9br Kharidehal Abhirama Ashwin, 11br ratluk, 12–13c cajoer, 12c Stephen Strathdee, 13 jason scott duggan, 13l Mikael Damkier, 13br Jacek Chabraszewski, 15t Ronald Sumners, 15c Brian A Jackson, 15br Otmar Smit, 16t Christoph Weihs, 17t Oscar Schnell, 17b Adrian Baras, 18t Robyn Mackenzie, 18t Germany Feng, 18tr jocicalek, 18b djslavic, 19t Lasevsky Pavel, 19r Dragan Trifunovic, 19bl David Hyde, 19br max blain, 21t Steffen Koerster Photography, 21br Hank Frentz, 22tr John Lock, 24025c Lee Prince, 24tr Stephen Coburn, 24bl Khoo Eng Yow, 25tl Alistair Michael Thomas, 25tr Stephen Bonk, 27tr Mikael Damkier, 27c Hugo Maes, 28tr Morgan Lane Photography, 29t Stephen Strathdee, 29l stocklight, 29br Mateo_Pearson

Confira o significado das palavras em **destaque** no Glossário da página 30.

Sumário

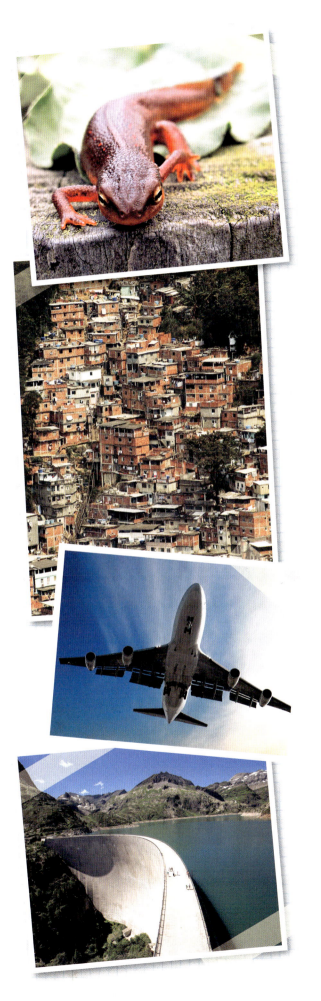

Um único mundo	4
Pegadas	6
Muitas pessoas	8
Materiais naturais	10
Energia originada pela combustão	12
Um mundo mais quente	14
Locomovendo-se	16
Casa e lar	18
Quanto desperdício!	20
Alimento e saúde	22
A perda de ambientes selvagens	24
Comércio justo	26
Esteja ciente!	28
Glossário	30
Índice remissivo	32

UM ÚNICO MUNDO

O planeta em que vivemos, a Terra, proporciona-nos tudo de que necessitamos para sobreviver – espaço para construir nossas moradias, alimento para nossa nutrição e oxigênio para respirarmos.

⊙ As cidades não utilizam somente uma grande quantidade de energia e materiais – elas também produzem um enorme volume de lixo.

Nosso planeta

O planeta Terra fornece todos os recursos indispensáveis para satisfazer nossas necessidades. Suas substâncias vitais, como o ar, os alimentos e a água, proporcionam a manutenção de nossas vidas. Ele também fornece os materiais naturais para a construção de nossas casas, edificações, aparelhos eletrônicos e máquinas, desde um grande avião até os carros.

É SURPREENDENTE!

Um único planeta Terra não é suficiente para sustentar a maneira como vivemos atualmente. Consequentemente, nós estamos esgotando rapidamente os recursos naturais.

Seria preciso 1,3 planeta Terra para fornecer a quantidade de recursos que garantisse a sobrevivência de todo mundo e para absorver os resíduos que produzimos. Isso significa que a Terra precisa de um ano e quatro meses para renovar o que utilizamos durante o período de um ano.

Próximo do fim

Todos os dias, nós exaurimos as matérias-primas, a energia e outros recursos da Terra. O planeta parece ser grande o bastante para que esses suprimentos sejam eternos, mas, na verdade, eles não são. O estilo de vida que possuímos atualmente não é **sustentável**, o que significa que os recursos não durarão para sempre.

A poluição, proveniente das indústrias e **usinas elétricas**, espalha-se por todo o mundo.

Pegadas

"Pegada" é o termo utilizado pelos ecologistas para descrever os efeitos que o nosso estilo de vida provoca na Terra. Nós estamos constantemente pressionando o planeta para abastecer nossas necessidades.

Pegada ecológica

A pegada **ecológica** calcula a quantidade de recursos naturais, em área, que utilizamos para sustentar nosso estilo de vida. Ela considera o tipo de alimentação, meios de transporte comumente utilizados, hábitos de uso de energia e até para onde o lixo produzido é destinado. Todas as pessoas apresentam uma pegada ecológica diferente, e ter consciência disso é imprescindível para conhecermos o quão grande é o nosso impacto na Terra.

As indústrias utilizam uma grande quantidade de energia para fabricar produtos como o plástico.

A produção de um telefone celular demanda muitos materiais, além de energia para o seu funcionamento.

Pegadas de carbono

A queima de combustíveis, como o carvão, o petróleo, o gás e a madeira, produz o gás **dióxido de carbono**. A concentração desse gás na atmosfera é a principal causa do **aquecimento global**. A **pegada de carbono** calcula a quantidade de dióxido de carbono e outros gases similares que produzimos, auxiliando a medir, portanto, os efeitos que as atividades humanas provocam no planeta.

↰ Grandes tanques de metal armazenam combustível de gás natural, proveniente do subsolo profundo.

↰ Não deixe os aparelhos eletrônicos em *stand-by* – é melhor desligá-los. No Reino Unido, a quantidade de energia produzida por duas usinas elétricas é desperdiçada a cada ano, pois os aparelhos de televisão, e outros dispositivos eletrônicos, permanecem em *stand-by*. Isso acarreta um custo de 740 milhões de libras por ano, aproximadamente 12 bilhões de reais!

FIQUE ATENTO!

Pegada global

A combinação de todas as pegadas é conhecida como **pegada global**. Ela demonstra o impacto total que deixamos na Terra.

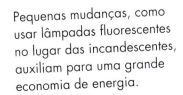

Pequenas mudanças, como usar lâmpadas fluorescentes no lugar das incandescentes, auxiliam para uma grande economia de energia.

7

Muitas pessoas

A população mundial está em pleno crescimento: a cada segundo, cinco bebês nascem, enquanto duas pessoas morrem. Isso resulta em 120 pessoas a mais no planeta por minuto!

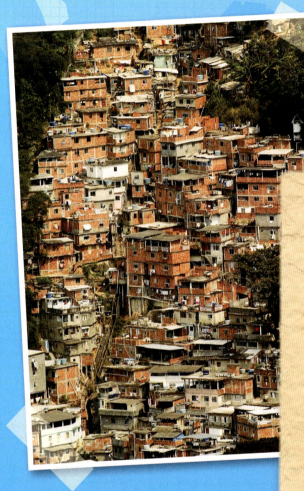

Mais pressão
Essa quantidade extra de pessoas necessita de um lugar para viver e de suprimentos básicos, como água e alimento. Com isso, a cada minuto, exige-se cada vez mais da Terra e de seus recursos.

É SURPREENDENTE!

O termo população refere-se ao número de pessoas que habitam uma determinada área. Alguns países apresentam um número populacional maior do que os outros. Em uma área do tamanho um pouco maior do que a metade de um campo de futebol, os países abaixo possuem este número de pessoas:

CINGAPURA 60
REINO UNIDO 2,5
ESTADOS UNIDOS 0,3
AUSTRÁLIA 0,025

🎧 Casas dispostas muito próximas umas às outras, em algumas áreas urbanas do Rio de Janeiro.

Quando muitas pessoas vivem em uma mesma área, ela fica sobrecarregada.

Do campo para a cidade

Em alguns lugares do mundo, tais como no deserto, você pode caminhar durante todo o dia e não encontrar ninguém. Em outras localidades, como as cidades, você dificilmente consegue se movimentar sem encontrar uma multidão de pessoas.

Um deserto constitui um *habitat* extremo. As pessoas que moram nestes locais utilizam os camelos como meio de transporte.

Exigência por mais espaço

Durante centenas de anos, as pessoas se mudaram das zonas rurais para as cidades e municípios e, pela primeira vez, em 2007, existia um número maior de pessoas vivendo nas áreas urbanas.
O problema reside no fato de que a população urbana não produz o seu próprio alimento, e cidades em expansão significam uma menor quantidade de terra para a agricultura. Como consequência, há uma exigência maior por alimentos e de novas áreas para as plantações.

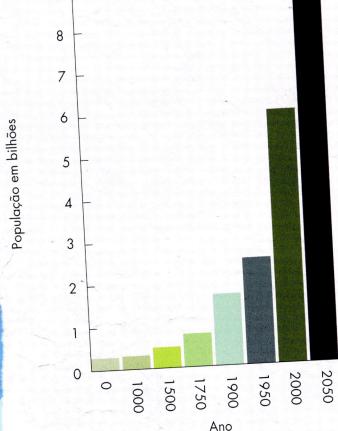

➲ O número de indivíduos da população mundial está aumentando rapidamente. Acredita-se que em 2050 esse número chegará a 9 bilhões de pessoas.

MATERIAIS naturais

Com a finalidade de fabricar os produtos que usamos diariamente, como carros e computadores, diversos recursos naturais da Terra são utilizados, como o petróleo.

Matérias-primas
Para fabricar os produtos, as indústrias necessitam das matérias-primas da Terra. Por exemplo, muitos produtos apresentam partes feitas de plástico, o qual é proveniente do petróleo, que, por sua vez, é encontrado em poços perfurados profundamente abaixo da superfície da Terra.

◑ Equipamentos imensos perfuram centenas de metros abaixo do fundo oceânico, com a finalidade de alcançar o petróleo subterrâneo.

Suprimento de materiais

Encontrar matérias-primas significa realizar perfurações, mineração e construir **pedreiras**. Todas essas atividades empregam muita energia, afetam enormes áreas e produzem **poluição**. Além disso, quanto mais utilizado for, maior é a proximidade do suprimento de matérias-primas se esgotar.

➲ Quando veículos são produzidos nas indústrias, uma grande quantidade de energia e materiais naturais é empregada.

Metais

A indústria utiliza metais – por exemplo, o **alumínio** em latas de bebidas e aeronaves, o **aço** em automóveis e o **cobre** na fiação elétrica. Os metais são encontrados em rochas conhecidas como **minérios**, que são escavadas em minas ou pedreiras. Posteriormente, eles são triturados e aquecidos, ou recebem algum tipo de tratamento, com a finalidade de se obter o metal puro.

Metade do cobre produzido no mundo é proveniente do minério calcopirita.

O que você pode fazer?

Leia os rótulos dos produtos. Eles informam se houve uma produção cuidadosa, que utilizou a menor quantidade possível de materiais naturais e energia, e se provocou pouco prejuízo ao meio ambiente.

Energia originada pela combustão

Praticamente tudo que produzimos e realizamos necessita de energia, desde a preparação de alimentos até o reparo de estradas. A maior parte dessa energia é proveniente da queima de combustíveis.

↻ Leigh Creek é uma cidade de mineração de carvão na Austrália. Aproximadamente 2,5 toneladas de carvão são escavadas diariamente neste local.

Combustíveis fósseis

Os principais combustíveis são o petróleo, o carvão e o gás natural. Eles são conhecidos como **combustíveis fósseis**, pois são originários de restos de seres vivos que foram preservados, ou fossilizados, há milhões de anos. Eles são queimados em usinas elétricas, com a finalidade de produzir eletricidade. O petróleo é o material natural de onde se origina a gasolina e o diesel, que são utilizados nos veículos. Os combustíveis fósseis não são renováveis e estão se esgotando rapidamente.

Combustíveis alternativos

Os **combustíveis alternativos**, cuja origem não é fóssil, incluem a madeira e os **biocombustíveis**, provenientes de vegetais. Eles são sustentáveis, ou seja, nós conseguimos produzir novos suprimentos deles e, portanto, não se esgotam.

 FIQUE ATENTO!

Quanto ainda resta?
Com as atuais taxas de utilização, qual a quantidade de combustível fóssil que ainda resta?

- Petróleo – menos de 100 anos.
- Gás natural – menos de 150 anos.
- Carvão – menos de 200 anos.

⏎ O gás natural necessita passar por um processamento industrial de tratamento, cuja finalidade é a remoção de elementos indesejáveis. Após esse procedimento, ele se torna seguro para utilização.

 **É SURPREENDENTE!**

Aviões de passageiros utilizam uma grande quantidade de combustível. Em apenas 15 segundos, um avião do tipo jumbo queima a mesma quantidade de combustível que o tanque cheio de um carro.

Um mundo mais quente

A queima de combustível emite, ou produz, o gás dióxido de carbono. Esse é um dos principais gases que originam o **efeito estufa**, o qual é responsável pelo aprisionamento do calor solar na Terra. Uma quantidade maior de queima de combustíveis significa mais **emissão de carbono**, o que, consequentemente, provoca uma elevação na temperatura da Terra. Esse resultado é conhecido como aquecimento global.

Mudanças climáticas

O aquecimento global está transformando o nosso **tempo atmosférico** e o nosso **clima**. Isso é chamado de **mudanças climáticas**. A maioria das localidades está se tornando mais quente, mas algumas áreas podem se tornar mais frias. Lugares úmidos podem secar, enquanto áreas secas podem se tornar mais úmidas. Provavelmente, existirão mais **furacões**, **enchentes** e outras situações climáticas extremas.

◔ Bangladesh é um país que foi severamente afetado pelas enchentes. Estes campos de agricultura, ao longo do Rio Jamuna, encontram-se debaixo d'água, que destruiu as plantações.

A importância do carbono

A pegada de carbono compõe mais do que a metade de nossa pegada global total. Ela é produzida pelo nosso estilo de vida, dependendo da quantidade de eletricidade e gasolina que utilizamos, de qual tipo de mercadorias e alimentos que consumimos, além da frequência e do tipo de transporte que usamos.

⊂ **Painéis solares** utilizam a energia solar para produzir eletricidade.

A água fluindo através de dutos em represas hidroelétricas gera eletricidade.

FIQUE ATENTO!

Energia sustentável
A eletricidade pode ser gerada por meio de fontes de energia que não produzem dióxido de carbono. Essas fontes incluem a água (**hidroeletricidade**), o vento, as marés e a **energia geotérmica**, proveniente do calor interno da Terra.

Locomovendo-se

Em alguns países, as pessoas podem se locomover em seus carros para o lugar que desejarem e quando for conveniente. Isso aumenta demasiadamente a nossa pegada global.

O principal vilão

Para produzir os automóveis, uma grande quantidade de matérias-primas e de energia é necessária. A utilização dos veículos promove a queima de combustíveis fósseis, o que provoca poluição e emissão de carbono, consequências que, em situações de congestionamento de trânsito, são agravadas.

Em um congestionamento, muitos carros estão queimando combustível, embora não estejam se movimentando.

Transporte verde

O transporte "verde" produz uma quantidade menor de carbono, de poluição e de barulho e, portanto, é um modelo de transporte sustentável. Ele inclui veículos elétricos e carros híbridos, que apresentam uma combinação entre um motor a gasolina e um elétrico. Pedalar e caminhar são os tipos de transportes mais verdes que existem, pois não produzem poluição.

 Os carros híbridos são equipados com motores que funcionam tanto com gasolina quanto com eletricidade. Eles utilizam uma quantidade menor de combustível e produzem menos dióxido de carbono, o que transforma esses automóveis em uma opção melhor para o planeta.

Ajudando a diminuir a pegada de carbono

O transporte público inclui ônibus, metrôs e trens. A emissão total de carbono deles é menor do que a dos carros privados. Algumas cidades possuem sistemas especiais de estacionamento, nos quais você estaciona seu carro próximo aos transportes públicos e os utiliza para ir ao centro das cidades. Essa ação resulta em emissões menores de carbono.

FIQUE ATENTO!

Emissões de carbono

Qual é a quantidade comparável de carbono emitido na atmosfera em percursos típicos?

- Trens e metrôs são aqueles que emitem a menor quantidade. Quanto mais pessoas utilizarem esses meios de transporte, maior será a diminuição da pegada de carbono!
- Carros e aviões emitem de duas a dez vezes mais, especialmente em viagens de longas distâncias.

◖ Uma maior quantidade de ônibus significa menos congestionamentos e, assim, todos conseguem se locomover mais rapidamente.

17

Casa e lar

A cada dia, quando aquecemos ou resfriamos nossas casas, tomamos banhos quentes e assistimos à televisão, nós adicionamos nossa contribuição à pegada de carbono total.

Vida diária

As pessoas necessitam permanecer aquecidas, limpas, alimentar-se e realizar atividades divertidas. A solução é sempre ser cuidadoso nas atividades diárias, sabendo, por exemplo, que o aquecimento utiliza uma grande quantidade de energia. Uma maneira de reduzir os efeitos no meio ambiente é apagar as luzes quando um cômodo da casa não estiver sendo utilizado.

É SURPREENDENTE!

Um banho rápido utiliza cinco vezes menos quantidade de água e energia do que um demorado, e deixa você limpo da mesma forma!

Muitos aparelhos eletrônicos

Uma grande quantidade de pessoas utiliza computadores, aparelhos de mp3 e outros dispositivos eletrônicos. Cada uma dessas mercadorias apresenta uma pegada diferente, que engloba a matéria-prima, a energia, os equipamentos industriais e as emissões de carbono necessários para produzi-las.

🎧 Todos esses aparelhos eletrônicos necessitam de eletricidade para funcionar. Por isso eles precisam ser desligados quando não estiverem sendo utilizados.

O que você pode fazer?

Se você mora em um local muito frio, descubra se a sua casa possui mecanismos para evitar que o calor escape. Ela possui telhados e paredes com material isolante, janelas com vidros duplos e portas bem ajustadas? Essas características ajudam a manter o calor e reduzem sua pegada – além de proporcionar uma economia financeira!

Quanto desperdício!

São necessários matérias-primas, energia e equipamentos industriais para fabricar os produtos que utilizamos diariamente. Se os jogarmos no lixo, acabamos gerando um grande desperdício. É por isso que os quatro "erres" são tão importantes.

Reduzir
Nós conseguimos reduzir o desperdício ao diminuir também o uso. Por exemplo, ao utilizar nossa própria sacola retornável, reduzimos a necessidade de novas sacolas plásticas. Prefira adquirir os itens avulsos àqueles em recipientes, evitando comprar produtos com grande quantidade de embalagens.

É melhor utilizar uma sacola retornável, que pode ser reutilizada, do que sacos plásticos a cada vez que for às compras.

Reparar
Se algo foi danificado, em vez de jogá-lo fora, tente repará--lo. Televisões e computadores quebrados frequentemente podem ser consertados, enquanto roupas rasgadas podem ser remendadas.

Aprendendo a costurar, você torna-se capaz de remendar e alterar suas roupas, produzindo novas peças.

Reutilizar

Reutilize itens de uma nova maneira. Por exemplo, potes podem ser lavados e reutilizados como recipientes; revistas e cartões podem ser reutilizados em obras de arte.

Reciclar

A reciclagem consiste na fabricação de novos produtos a partir de outros usados. Vidro, metal, papel, papelão e a maioria dos plásticos podem ser reciclados. A produção de uma garrafa, a partir de vidro reciclado, utiliza somente um décimo da energia necessária para fabricar uma garrafa totalmente nova.

O que você pode fazer?

- Recicle o máximo de material que conseguir. Por exemplo, utilize uma caixa de compostagem para sobras de vegetais e resíduos do jardim.
- A água da chuva pode ser usada para o cuidado do jardim e a lavagem de carros e bicicletas.

➲ A água da chuva pode ser coletada, mas é importante cobri-la para evitar a proliferação de mosquitos.

↶ Antes de o papel e o papelão serem reciclados, eles passam por uma máquina de separação que isola um do outro.

ALIMENTO e saúde

O alimento não aparece como mágica nos supermercados e centros de compras. Ele é produzido, limpo, armazenado, transportado e processado em refeições prontas ou em lanches. Todo esse processo acrescenta um valor importante à nossa pegada global.

Velho e novo

Há muitos anos, a maioria das pessoas produzia seus próprios vegetais para a alimentação e criava animais como galinhas, ovelhas e gado. Atualmente, a comida representa um grande negócio, com máquinas caras utilizadas para plantação, colheita e limpeza dos cultivos, aviões para o transporte da safra, lugares imensos para o armazenamento resfriado e fábricas para o processamento. A produção e a utilização dessas máquinas também contribuem com nossa pegada global.

Nas cidades, existe um grande volume de estabelecimentos chamados de restaurantes *fast-food*. Comer muito desse tipo de alimento pode provocar problemas de saúde.

Problemas de saúde

Em alguns países, não existe alimento suficiente para todas as pessoas, provocando um problema social de fome que acarreta doenças e enfermidades. Em outros países, ao contrário, existe uma grande quantidade de alimento disponível, portanto, as pessoas tendem a comer muito. Isso também pode acarretar problemas de saúde, como obesidade e doenças do coração.

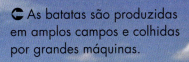

As batatas são produzidas em amplos campos e colhidas por grandes máquinas.

 FIQUE ATENTO!

Desperdício de comida

A cada ano, em países como o Reino Unido ou Estados Unidos, uma pessoa joga fora, em média, comida suficiente para alimentar alguém por duas semanas. Essa ação representa um desperdício de todos os recursos utilizados para produção e preparação dos alimentos.

No Reino Unido, cerca de 8 bilhões de libras de comida são jogados fora todos os anos – isso é um terço de todo o alimento comprado.

23

A perda de ambientes selvagens

À medida que usamos terras para a construção de cidades, municípios, indústrias, fazendas, minas e pedreiras, a quantidade de ambientes selvagens diminui. Isso acarreta um volume menor de terras para animais e vegetais sobreviverem.

Animais raros

A maioria das pessoas conhece animais raros, como os tigres, os gorilas de montanhas, os pandas gigantes e as grandes baleias. Esses são apenas alguns das centenas de animais e vegetais ameaçados de extinção pelo mundo. O principal problema que ameaça esses seres vivos é a destruição de seus **habitats** – quando danificamos ou ocupamos os ambientes naturais para nossas próprias necessidades. Outras ameaças incluem a poluição, a caça, a pesca, o aquecimento global e as mudanças climáticas.

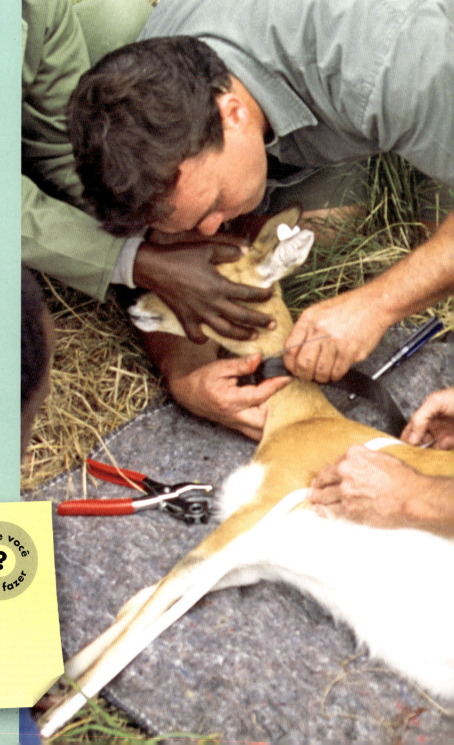

➲ Os pesquisadores conseguem monitorar espécies ameaçadas, como o oribi (um antílope de pequeno porte), por meio de colares equipados com rastreadores que são afixados nos animais.

O que você pode fazer?
- Ajude os projetos de conservação da vida selvagem.
- Participe de uma ação de limpeza de uma floresta local, lago, praia ou outro ambiente.

24

Conservação

Nós podemos ajudar a vida selvagem de diferentes maneiras, auxiliando, consequentemente, a também reduzir nossa pegada global. Locais protegidos, como **reservas naturais** e parques nacionais, são imprescindíveis para a recuperação de áreas danificadas e para a tentativa de que elas retornem às suas condições naturais. Animais raros estão sendo salvos por meio de programas de procriação em **cativeiro** para, posteriormente, ocorrer a tentativa de reintroduzi-los na natureza.

Por ser uma espécie ameaçada de extinção, o burro-selvagem africano é criado em zoológicos e reservas naturais.

É SURPREENDENTE!

A espécie de salamandra, *Notophthalmus viridescens*, necessita de água limpa para sobreviver, porém os rios e córregos que habitam estão cada vez mais poluídos.

Existem mais de 6 mil espécies de rãs, sapos, salamandras e outros anfíbios – e aproximadamente um terço delas se encontra ameaçada de extinção.

Comércio justo

O alimento que compramos nos supermercados, assim como as roupas que vestimos, são frequentemente produzidos por operários de outras partes do mundo. Nós precisamos ter certeza de que esses trabalhadores recebem uma quantia justa por produzir mercadorias para o nosso uso.

Trabalho duro, pagamento pequeno

Roupas, alimentos e brinquedos presentes em nossos centros de compras são, em alguns casos, produzidos em países distantes. Os trabalhadores podem ser crianças, que recebem um pagamento pequeno e trabalham longas horas em condições rígidas. Esses produtos são frequentemente comercializados para companhias industriais que os vendem para nós.

Em alguns países, é comum as crianças trabalharem. Estas acima estão tecendo tapetes em fábricas.

Um local limpo, bem iluminado, além de uniformes apropriados, constituem condições muito importantes para a realização de qualquer tipo de serviço. Estes operários estão trabalhando em uma fábrica de brinquedos na China.

◑ Os grãos de café são coletados manualmente dos pés e, posteriormente, vendidos a indústrias que os transformam em pó para a bebida.

Mais igualdade

O comércio justo tenta garantir que os trabalhadores tenham um local seguro e saudável para trabalhar, além de receberem um pagamento justo pelas mercadorias que produzem. Ele também ajuda os consumidores que compram as mercadorias a constatar que elas podem ser produzidas com uma quantidade menor de materiais e com pouco desperdício, além de auxiliar os trabalhadores a conquistar uma vida satisfatória, em um ambiente saudável.

◐ O selo de qualidade certifica que os produtos são fabricados da maneira correta.

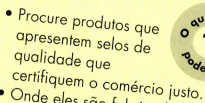

O que você pode fazer

- Procure produtos que apresentem selos de qualidade que certifiquem o comércio justo.
- Onde eles são fabricados?
- Qual a comparação entre os preços deles e outros produtos similares?

Frutas e legumes orgânicos, como as bananas, apresentam um adesivo especial.

Esteja ciente!

Quase tudo o que fazemos adiciona um valor à nossa pegada global. Para preservar a Terra, todos nós precisamos entrar em ação. Mesmo pequenos esforços, como desligar luzes de cômodos que não estão sendo utilizados, contribuem para reduzir a pressão empregada sobre a Terra.

Necessidade de conhecimento

Nós precisamos aprender sobre os tipos de pegadas, combustíveis fósseis e mudanças climáticas para que sejamos capazes de mudar o nosso estilo de vida conscientemente. Investir em educação para aumentar a atenção da população sobre esse assunto, é muito importante. Se as pessoas assistissem a uma propaganda sobre reciclagem na televisão, elas poderiam começar a reciclar mais produtos, ajudando, assim, nosso planeta e o nosso futuro.

FIQUE ATENTO!

Hora do Planeta da WWF

Em 28 de março de 2008, às 20h30, centenas de milhões de pessoas, de mais ou menos 4 mil cidades, desligaram as luzes de suas casas por uma hora. Construções ícones também participaram dessa ação, incluindo... Big Ben, em Londres; Opera House, em Sidney; Cristo Redentor, no Rio de Janeiro; Torre Eiffel, em Paris; Pirâmides de Gizé, no Cairo; e Estádio Ninho de Pássaro, em Pequim.

Governos em ascensão

Países como a China, a Índia e o Brasil estão desenvolvendo indústrias a uma taxa surpreendente e, como resultado, suas pegadas globais estão aumentando. Mas estas ainda não são tão grandes como aquelas pertencentes aos Estados Unidos e Reino Unido. Todos os países precisam estar atentos sobre quais ações podem realizar para reduzir os efeitos que o estilo de vida de sua população provoca no planeta, começando, assim, a transformar suas pegadas e fazer alguma diferença.

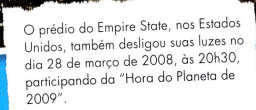

O prédio do Empire State, nos Estados Unidos, também desligou suas luzes no dia 28 de março de 2008, às 20h30, participando da "Hora do Planeta de 2009".

⊂ Xangai, na China, apresenta atualmente mais de 20 milhões de pessoas, e constitui o local mais ativo do mundo para barcos e navios.

Glossário

Alumínio Um metal leve que não enferruja. Ele é utilizado com finalidades variadas, como na produção de latas de bebidas.

Aço Um metal rígido e resistente, que é composto principalmente por ferro e pequenas quantidades de carbono.

Aquecimento global O aumento da temperatura na atmosfera, como consequência do efeito estufa, o qual tem como causa principal atividades humanas, por exemplo, a queima de combustíveis.

Biocombustíveis Combustíveis provenientes de vegetais, como de alguns tipos específicos de cultivos, que fornecem energia quando entram em combustão.

Cativeiro Quando os animais são mantidos em um local específico e cuidados pelo ser humano, como em zoológicos ou em parques de vida selvagem.

Clima O padrão médio de temperatura, chuvas, ventos e outras condições climáticas em um local particular durante centenas de milhões de anos.

Cobre Um metal flexível, de coloração vermelho-amarronzada, que conduz eletricidade e calor facilmente.

Combustíveis alternativos Combustíveis não fósseis (não são carvão, petróleo e gás natural) que são sustentáveis e provocam poucos danos ao meio ambiente.

Combustíveis fósseis Combustíveis provenientes de restos de seres vivos que morreram há muito tempo, e que foram soterrados e preservados nas rochas. Os principais combustíveis fósseis são o petróleo, o gás natural e o carvão.

Dióxido de carbono Um gás que está naturalmente presente em pequenas quantidades na atmosfera. Ele é produzido pela combustão e atua como um poderoso gás do efeito estufa.

Ecológico Que diz respeito à ecologia, ciência que estuda as relações entre os organismos e o meio ambiente.

Efeito estufa Originado pelo acúmulo de gases na atmosfera, que aprisionam o calor solar, o que, por consequência, provoca um aumento na temperatura do planeta.

Emissão de carbono A emissão, ou a liberação, de gases que contêm carbono, especialmente o dióxido de carbono.

Enchente Uma grande quantidade de água em um local que usualmente possui pouca ou nenhuma água.

Energia geotérmica Energia proveniente do calor interno da Terra, onde a temperatura fica maior quanto mais profundo for.

Furacão Uma grande e poderosa tempestade com ventos rápidos, que formam redemoinhos e uma grande quantidade de chuva intensa.

Habitat Conceito ecológico que engloba os fatores bióticos e abióticos determinantes de um lugar específico, onde espécies particulares de animais e vegetais vivem.

Hidroeletricidade Quando a eletricidade é originada pela movimentação da água.

Minério Uma rocha que contém metais.

Mudanças climáticas Mudanças a longo prazo nos padrões climáticos por todo o mundo, devido ao aquecimento global.

Painéis solares Painéis especiais que utilizam o calor e a luz solar para originar energia.

Pedreira Um local onde as rochas são extraídas do solo.

Pegada de carbono A quantidade de dióxido de carbono e gases similares produzidos pelas atividades diárias para sustentar o estilo de vida da população, incluindo a alimentação, o transporte, o uso de energia, entre outros.

Pegada global A combinação entre a pegada de carbono, a pegada ecológica e outros tipos de pegadas. Ela representa a pressão total que o estilo de vida das pessoas emprega sobre a Terra.

Poluição Quando substâncias nocivas, como substâncias químicas ou lixo, são introduzidas no meio ambiente, provocando danos.

Reserva natural Uma área protegida por leis, onde a vida selvagem é preservada sem sofrer ameaças provocadas pelos seres humanos.

Sustentável Algo que não irá se esgotar.

Tempo atmosférico Condições como a temperatura, a quantidade de chuva e a força do vento e como essas condições mudam diariamente, ou de semana em semana.

Usina elétrica Uma construção que possui máquinas conhecidas como geradores para produzir eletricidade.

Índice remissivo

agricultura 9, 14
água 4, 8, 14, 15, 18, 21, 25, 30, 31
alimento 4, 8, 9, 15, 22, 23, 26
ameaçado de extinção 24, 25
aquecimento global 7, 14, 24, 30, 31
aviões 13, 17, 22

biocombustíveis 13, 30

carbono 15, 17, 30
carros 4, 10, 13, 16, 17, 21
carvão 7, 12, 13
casa 4, 8, 12, 18, 19, 29
cidades 4, 9, 17, 23, 24
combustíveis 7, 13, 14, 16, 17
    alternativos 13, 30
    fósseis 12, 16, 28, 30
comércio justo 26, 27
conservação 24, 25
cultivos 22, 30

desperdício 20, 23, 27
dióxido de carbono 7, 14, 15, 17, 30, 31

edificações 4, 12
efeito estufa 14, 30
eletricidade 12, 15, 17, 19, 30, 31
embalagens 20
emissões de carbono 14, 17, 19, 30
enchentes 14, 30
energia 4, 5, 6, 7, 11, 12, 15, 16, 18, 19,
    20, 21, 30, 31
    geotérmica 15, 30
    sustentável 15

fábricas 22, 26

gás natural 7, 12, 13, 30
gasolina 12, 15, 17

habitats 9, 24, 31
hidroeletricidade 15

indústrias 5, 6, 10, 11, 24, 29

luzes 18, 28, 29

matérias-primas 5, 10, 11, 16, 20
metais 11, 31
minas 11, 24
mudanças climáticas 14, 24, 28, 31

painéis solares 15, 31
pedalar 17
pedreiras 11, 24
pegada de carbono 7, 15, 17, 18, 31
    global 7, 15, 16, 22, 25, 28, 31
pesca 24
petróleo 7, 10, 12, 13, 30
plástico 6, 10, 20, 21
poluição 5, 11, 16, 17, 24, 31
população mundial 8, 9

reciclagem 21, 28
reservas naturais 25, 31
roupas 20, 26

safra 22

televisão 7, 18, 28
trabalhadores 26, 27
transporte 6, 9, 15, 17, 22, 31
    público 17
trens 18

usinas elétricas 5, 7, 12, 31

veículos elétricos 17
vida selvagem 24, 25, 30, 31
vidro 19, 21